UM BRADO CONTRA AS MONTERIAS

DE

CERCO AOS LOBOS

NA

PROVINCIA DO ALEMTEJO

POR

JOSÉ PAULO DE MIRA

EVORA
Typ. de F. C. Bravo — Rua de Aviz 23 e 25
1875

In the interest of creating a more extensive selection of rare historical book reprints, we have chosen to reproduce this title even though it may possibly have occasional imperfections such as missing and blurred pages, missing text, poor pictures, markings, dark backgrounds and other reproduction issues beyond our control. Because this work is culturally important, we have made it available as a part of our commitment to protecting, preserving and promoting the world's literature. Thank you for your understanding.

UM BRADO CONTRA AS MONTERIAS

DE

CERCO AOS LOBOS NA PROVINCIA DO ALEMTEJO

E por quem? por quem foi antigamente um grande enthuziasta dellas... mas por isso mesmo, pela grande pratica e experiencia que tem do objecto, é agora contrario a ellas, desde que carecem os meios de que antigamente se dispunha para a boa ordem, execução e resultado dellas. Fallo pela experiencia não só por ter assistido a muitas, como taobem por ter planeado e derigido não poucas, taobem por que revendo os planos antigos, aonde encontrei alguns muito bem elaborados, em outros tive de emendar o local da partida de alguns pontos, por isso que se deve ter em vista a qualidade do terreno a percorrer com relação aos outros pontos, por uns terem de atravessar terreno dobrado muito matagoso e ribeiras a atravessar, quando outros pontos teem só terreno plano sem ribeiras e matto fraco. Alem disto taobem tive de mudar o centro de algumas montarias, porque estes devem ser em uma bacia, donde o cerco geral, quando chegue ás bandeiras, se possa vêr todo de um lado ao outro fronteiro, não ficando parte alguma do cordão em cóva funda donde se não possa observar o bello aspecto do cerco todo por igual, porque é então difficultoso poder-se conter o povo nestas cóvas sem que corrão para as alturas a presencear o que se passa; e então se matta,

para depois irem contar etc. Tãobem se deve ter em vista
que estes centros do cerco não tenhão matto muito forte,
pelo perigo que ha dos caçadores atirarem direito uns aos
outros sem se vêrem, mas sim ser o terreno de charneca
ou matto curto e suffciente a que os lobos vão para ali de
vontade julgando poderem-se esconder ou acoutar. Isto era
quando ainda havia os elementos proprios de que se dispunha, e depois na tranzição de faltarem estes até ao com-
pleto acazo da boa ou má execução dellas.

Invoca-se na actualidade montarias de cerco, só lem-
brados do bom exito que ellas antigamente produzião, mas
não se lembrão que isso é impossivel agora por faltarem
os meios de que então se dispunha, e da submissão a que
os povos estavão custumados a obdecerem ás authoridades
fossem ellas quaes fossem.

Antigamente era a gente das povoações e dos montes
sujeitos ás ordenanças, avizados pelos cabos para compare-
cerem no dia e local, aonde se mandavão reunir, e então
ali o alféres ou patente superior dellas mandava fazer a cha-
mada, e todos aquelles que tinhão sido avizados e não com-
pareciam sem motivo justificado erão depois presos na ca-
déa os dias que o sargento-mór ou capitão lhes marcava.
Alem disto todos os milicianos concorrião ás monterias debaixo das ordens dos seus superiores, e estes responsaveis
em fazer cumprir as ordens que recebião para executar so-
bre o plano da monteria no seu ponto a percorrer, e tãobem erão castigados os milicianos que não comparecião.
Tãobem igualmente ia a tropa de linha, (e principalmente
aqui os de cavallaria) indo seu piquete com superior para
cada um dos pontos marcados ás ordens do director d'aquelle ponto, para o coadjuvar no seu bom desempenho, e mesmo prender algum transgressor ás ordens por éste man-
dadas etc.

Todos os diversos directores de cada um dos pontos

erão obrigados a fazer conduzir, até ao centro do cerco ao local aonde estivesse a authoridade superior directora daquella monteria, toda a caça morta pela gente do seu ponto, de rapoza incluzivé para cima; e só então depois de findada a monteria e todo o resultado ali reunido é que a authoridade superior dava a ordem para cada um dos caçadores poder retirar e dispôr daquillo que matou. Com todos estes elementos de ordem e sujeição, e marchando todos á mesma hora, cada um dos diversos pontos, que para isso se escolhião de proposito os sitios das diversas reuniões o mais uniformes possiveis para todos terem a mesma distancia a percorrer; e marchando logo destes sitios não só para diante, mas sim para os dois lados a dar logo as mãos (ou encontrar) os visinhos dos outros pontos que tão bem fazião outro tanto; assim mesmo era ás vezes difficultozo de vir sempre um grande cordão de gente em boa ordem, sem que por qualquer motivo (como passagem de ribeiras etc.) se não despegasse mais ou menos, principalmente em quanto não chegavão a meio caminho, que então já o cordão principiava a vir mais junto e depois a filas dobradas. Por isso mesmo quando dirigia algumas era necessario ter comigo tres ou mais criados a cavallo, e quando estando no centro observava pelo som dos tiros que algum dos pontos vinha muito adiantado aos outros do lado opposto, tinha de mandar correr logo la a tempo e horas a avisar o director de um para demorar mais a marcha, assim como a outro para a abreviar, afim de todos chegarem ás primeiras bandeiras brancas quasi ao mesmo tempo, local este aonde estavão collocadas as esperas, e depois de todos terem chegado ao dito local então se dava o signal, para marcharem até ás bandeiras vermelhas, aonde só entravão os caçadores das esperas a acabar de matar alguma couza. Ora isto era observado quando ainda havia taes ou quaes elementos de ordem.

Posteriormente nas ultimas monterias que derigi, (sempre a pedido da authoridade superior) álem da gente avizada por ella officialmente pelos administradores de concelho, regedores etc., escrevia eu particularmente a todos os amigos lavradores de todas as diversas freguezias a empenhal-os particularmente para coadjuvarem o bom desempenho daquelle serviço por si e pelos seus subordinados; ia de vespera para o local do centro a collocar as duas ordens de bandeiras e no dia designado logo pela manhã ia ao sitio aonde se mandava reunir os esperadores, e marchava então com elles, a collocal-os convenientemente em róda das primeiras bandeiras, e não aonde cada um se queria ir pôr de espéra, porque assim podia mais facilmente haver uma desgraça de se atirar em direcção a outro sem se saber de tal; além da ajuda dos criados para irem avizar os diversos pontos para chegarem todos quasi ao mesmo tempo, ia eu pessoalmente correr e observar a maneira como vinha a maior parte do cordão, e o que observava então? Grande parte dos lavradores (a quem a monteria interessava directamente) encontrava-os em grupos, ou merendando e despejando as borrachas com grande gritaria de sncia, ou vinhão reunidos pelas estradas tratando e conversando nos seus negocios (menos no objecto da monteria) quando não vinhão esperimentando qual das suas cavalgaduras andava ou corria melhor, muito mais adiantados do que o cordão; e quando os admoestava para darem o exemplo, ás vezes me responderão que tinhão ido para se divertirem: Ora isto era em couza que directamente lhes interessava a elles na maior parte, por isso com que direito podião exigir do sapateiro (por exemplo) que fosse pelo mato rasgar o seu fato, quando a elle os lobos não lhe ião a caza comer á alcofa, as sovélas e o serót!!... Felizmente com esta ainda que pequena ordem sempre se matou algum lobo, e não houve desgraça de gente morta a lamentar; desde então vendo a impossibilidade de conseguir a boa ordem e subordinação nas monterias de cerco, desisti de ser influente dellas e a algumas outras a que assisti posteriormente como mero curiozo vi sempre a desarmonia que em todas se dava, nunca chegando o cordão a tempo uns dos outros; sendo alias delle donde depende o bom exito, vindo alguns pontos com mais de uma hora de adiantamento aos outros, fugindo os lobos pela abertura ou vacuo que havia de uns aos outros, cada um fazia o que queria, cada qual ia pôr-se de espera onde bem lhe parecia, e o resultado quasi sempre era não se matar lobo algum, ainda que fossem vistos alguns, mas só sim se matava muita caça, que era o principal ponto de se juntar muita gente com essas vistas.

Deixei afinal, de ir a ellas mesmo como particular pela impressão desagradavel, que me cauzava tanta desordem, e sem vêr geito algum de tal se poder remediar; o não haver muitas desgraças a lamentar por todos atirarem sem ordem é isso devido ao acazo ou Providencia Divina; antigamente, ninguem ia para as esperas senão os caçadores escolhidos para isso em todas as freguezias, e tão munidos de uma cedula distribuida pela authoridade apresentar-se ao diretor da monteria, para este os collocar convenientemente no sitio destinado; presentemente vai para as esperas quem quer, pôr-se aonde lhe parece, e cada um faz o que lhe apraz; antigamente quando algum diretor dos diversos pontos ouvia atirar na sua frente sem ser no local das bandeiras brancas, ia ou mandava logo lá obrigar essa pessoa a encorporar-se no cordão; presentemente que cada um faz o que quer e principalmente depois de estarem vulgarisadas as espingardas de dois canos, vão certos curiosos com um canno da espingarda atacado de bala, e o outro de chumbo adiantados do cordão fazendo esperas parciaes a que chamão esperas falsas, não atirão senão de frente ou mesmo enquilhado de cara a algum lobo que vem recolhendo ao centro da monteria, fazendo fugir este para traz ou para os lados, e indo rompêr o cordão para traz por ás vezes ainda vir este com intervallos de uns aos outros, como taobem atirão á caça miuda que lhe apparece, fazendo do cordão seus cães que lhe espantão a caça para elles se irem divertindo.

Na monteria de cervo por mais bem calculada que seja das distancias dos diversos raios ao centro que os pontos teem a percorrer, e por mais bem dadas as ordens para todos cumprirem, com a falta dos elementos que antigamente havia de que então se dispunha, é agora prezentemente impossivel executar-se o seu plano á risca, e por isso muito duvidozo senão ineficaz o resultado. Estas monterias não se podem fazer de inverno por cauza das ribeiras cheias (ainda que o dia não amanhecesse chuvozo) por ter infallivelmente o cordão de se partir em ir procurar sitio de ás poder atravessar; taobem se não podem fazer de verão por cauza do grande calor; e ter o cordão de se partir em procura de agua em algum poço para então a gente bebêr etc. Por isso geralmente para se evitar estes dois inconvenientes estava em uzo fazerem-se na primavera; assim mesmo nesta occasião teem muitos inconvenientes. Varios lavradores que eu conhecia e que não erão apaixonados de caça, quando erão avizados para irem ou mandarem os criados a estas monterias como ainda era em tempo de andarem com a sementeira do tremez, não querião perder um dia bem de sementeira, e então não ião, nem mandavão os criados, e ás vezes para que os visinhos não dissessem que não mandavão ninguem, mandavão então o rapaz ou velho que guardava as bestas comparecer ao sitio da partida, com ordem de no meio da batida ficarem-se para traz e voltar para o monte; quando depois sabião do resultado da monteria (que quási sempre era nenhum) dizião que tinha sido por mal dirigida, mas nunca por mal executada, que era a principal cauza de cada um prezentemente fazer o que quer.

Estas monterias de cerco taobem teem outros inconvenientes; a fazerem-se em domingo ou dia santo, alem de ter de se ouvir missa ao nascer do sol, tendo de antemão todos os Parochos annunciado nas freguezias a missa para aquella hora, por ser uma hora geralmente mais certa, nunca o cordão pode logo marchar em boa ordem, visto que umas freguezias ficão muito mais distantes do local de principiar a batida, do que outras; alem disto, nem todos os lavradores podem nesse dia santo, obrigar os seus criados a comparecer áquelle trabalho, e só vão os apaixonados de caça; a fazerem-se em dia não sanctificado, quantos jornaes de de trabalho senão perdem nesse dia?

Eu já assisti a uma calculada om 5 mil pessoas, mas geralmente quasi todas se calcularão por 2 ou 3 mil pouco mais ou menos, por conseguinte consideremos com pouca diferença pelo menos em mil, os jornaes perdidos, e vejão por quanto ficão um ou outro lobo que se consegue matar, quando agora pela maior parte das vezes se não mata nenhum!!! alem disto não fica so aqui o prejuizo; com que direito hade ir um cordão de gente unida, e afinal de filas dobradas ou triplicadas, passar por cima das cearas que estão semeadas, que por via de regra naquelle terreno do cerco a maior parte dellas são centeios, e por conseguinte naquella epoca da primavera já estão encanados ou espigados, e por isso os tenho visto ficar todos de rasto?! Aonde está aqui o direito de propriedade que o código civil quer manter? como se combina o tempo defezo para a caça poder criar, e se permitte a monteria de cerco a que pouca ou nenhuma caça escapa, principalmente do meio do cerco em diante, quando o cordão vem já todo unido? para isto antes não prohibir o tempo de se caçar, porque morre mais caça em um só dia de monteria de cerco, (principalmente se está de algum calor) do que se caçasse livremente em todos os mezes prohibidos. A caça escapa, ao caçador ficando acamada ás vezes na distancia de um a dois metros, não dando ás vezes o cheiro della ao cão, e se acazo se levanta pode escapar ao tiro e já fica livre, mas não acontece o mesmo na monteria de cerco porque forçozamente hade ser levantada, e senão morre aos primeiros tiros não escapa dos segundos ou vae morrer ao cordão fronteiro, as perdizes pela maior parte são apanhadas á mão já cançadas, ou a páu, ou a dente de cão etc. nada escapa de caça, e é o fim porque agora no tempo de se prohibir o caçar, grande parte dos caçadores instão com os lavradores, para estes pedirem e alcançarem licença da authoridade superior, para nestes mezes de março e abril, fazerem monteria aos lobos, mas a verdadeira cauza é de irem só caçar á caça miuda, com o pretexto da monteria aos lobos; pergunto eu agora aonde estiverão todo o anno escondidos os lobos, que só agora se queixão delles aparecerem e perseguirem os gados? desenganemo-nos e fallemos claro, o principal fim das monterias de cerco nesta epoca, é para sofismar o tempo defezo para se ir caçar a caça miuda; porque não se lembrão ou requerem estas monterias em setembro e outubro, ou mesmo em janeiro e fevereiro não estando as ribeiras cheias, porque nestes mezes não prejudicão tanto a agricultura nem se cumplica com a vedação?!

Se, á pouco forão menos mal succedidos, na monteria que fizerão no districto de Beja no dia 7 de março, e que conta o Diario Popular do dia 20 terem ali morto 6 lobos; fique esta para desconto das outras que teem feito aonde não teem matado nenhum, ou quando muito um só. Lá mesmo confessa a descripção da monteria, que mais se matarião se os povos do lado de lá da ribeira, de Alvito, cançados de esperar pelo atrazo em que vinhão os do Torrão, não tivessem debandado antes de se cerrar o circulo, e isto confirma todas as minhas asserções de longa pratica, na falta de boa ordem.

Do contrario me admiraria eu, se podesse ter sido executada em boa ordem como é o indispensavel, para o bom exito; se houvesse agora os elementos de ordem antigos, podião nessa monteria terem-se matado mais de 20 lobos a que atirarão, tudo por falta de ordem no cordão do cerco, como tambem por que as esperas se colocavão aonde queriam, e algumas começarão logo em atirar á caça miuda, o que nunca foi em tempo algum permittido; sei destas couzas por me serem logo narradas por cartas de pessoas fidedignas. Taobem nessa occasião da monteria mandei um lobo bom para o Muzeu Nacional, não porque fosse lá morto na monteria nem no terreno destinado para ella, mas sim por gente das Alcaçovas que de caminho o matarão na Quinta do Duque, aonde poucos dias antes tinham atirado a tres e os tinham errado, mas desta vez cahio um na sorte de ser morto.

Se prezentemente se podesse dispôr dos meios com que antigamente se contava, então nestas monterias de cerco não deveria agora escapar lobo algum, por isso que os campos desde 1834 para cá, estão muito mais limpos de mato, com o grande augmento de agricultura, e limpeza dos arvoredos de montado, o que facilita a que o cordão podesse vir agora em boa ordem, avistando-se uns aos outros, o que antigamente não succedia, porque havia leguas de matto forte pegado, e debaixo dos montados o matto pegava com a rama do arvoredo; assim mesmo a boa ordem era tal, e todos empenhados no cumprimento dos seus deveres, que apezar da difficuldade do terreno tão matagozo, sempre se conseguia maior ou menor resultado. Em uma monteria que se fez no districto d'Evora na serra de Alpedreira, no tempo do Brigadeiro Cairo, a que assistio quasi todo o regimento de cavallaria n.º 5 (á qual não pude assistir, mas contarão-me logo) juntarão-se no monte da serra, centro da dita monteria=42 Lobos, 5 Javalis, 6 Corsos, 600 Rapozas, 10 Gatos cravos, e varios outros bichos menores; agora presentemente aquelle mesmo terreno da serra de Alpedreira está tão limpo, que até poucos coelhos tem.

Posteriormente a outra monteria (a que eu assisti) no mesmo local e plano, juntaram-se=22 lobos, 3 Javalis, 2 Corsos, 212 Rapozas, 4 Gatos cravos, 6 ditos bravos, 4 Teixugos, e varios outros bichos menores, de que me não recordo o numero por não lhe ligar nesse tempo importancia, nunca me lembrando o ter de fallar em tal: dahi então começou o periodo de faltarem os elementos de ordem e sujeição, de que dantes se dispunha para taes monterias; por isso ao passo que o terreno se facilitava para melhor desempenho, o resultado cada vez era peior, até chegar a ser quasi sempre nullo, tudo isto davido á falta de ordem no cordão e em tudo o mais, porque ainda que o cordão venha em tal ou qual boa ordem em varios pontos, como nos outros não succeda o mesmo, por ali fogem os lobos em sentindo tal ou qual fraqueza em um ponto, visto que os lobos correm legoas de uma parte a outra em procura de qualquer descuido, por isso que são muito desconfiados, presentido, e astuciozos, o que não succede á outra caça.

Já me teem objectado que havendo ainda tropa, porque se não requesitava agora esta, a vêr se se conseguia a mesma boa ordem antiga; pelo amôr de Deus!! nem pensar em tal. No momento em que qualquer soldado dezembainhasse a espada, para dar uma pranchada em quem desobedeceu ou respondeu mal, no mesmo instante todos os mais paisanos viravam logo as armas contra elle, tomando o partido do delinquente, e então sabe Deus até que ponto chegaria a desordem, com tal gente insobordinada e armada, é melhor saber prevenir, do que arriscar a tal conflicto depois de tanta desmoralisação social.

Como tenho sido severo em desaprovar na actualidade as monterias de cerco, deverei agora ao menos propôr algum alvitre que julgue mais adquado, para de alguma maneira substituir estas. Antes julgo mais preferivel e exequivel, toda e qualquer batida parcial com esperas colocadas no local proprio, porque desta maneira não se estragam as cearas de cada um, e só sim se batia o mato destinado a tal batida ou monteria parcial, aonde se presumia ou sabia de estarem os lobos ali escondidos. Estas monterias parciaes, podiam ser feitas nos mezes de setembro e outubro, ou nos mezes de janeiro e fevereiro, porque não era o cordão da batida obrigado a passar ribeiras, e podiam ser feitas officialmente com a presença do administrador do concelho, e isto em todos os concelhos quatro vezes por anno, sendo o local e dia escolhidos por elle (mas nunca nos mezes da prohibição da caça). Podiam sim dois ou mais administradores, conbinarem entre si o local commum aonde collocarem suas esperas, e baterem naquella direcção de uma e outra parte os matos que cada um tinha a percorrer, e que se ligavam de um com outro concelho.

Acho preferivel as batidas ou monterias parciaes, porque estas podem-se fazer em todo e qualquer tempo, até mesmo nos mezes de março abril e maio, aonde não estiver em vigor o tempo defeso de se caçar á caça miuda, porque se pode escolher sitio adquado a isso, aonde só hajam matos donde se supõe ou se sabe dos lobos estarem escondidos, não havendo nesse sitio escolhido cearas a espesinhar, ou ribeiras a passar principalmente sendo de inverno, o que não acontece ás monterias de cerco, porque forçozamente teem de se espesinhar as cearas e passar as ribeiras, e por isso de se partir ou desunir o cordão como já deixei espendido. Tambem teem a vantagem de se incommodar pouca gente, v. g. uma freguezia ou quando muito um concelho, e quando por qualquer incenveniente inexperado, não se pôde levar a effeito nesse dia marcado, e se tem de espassar para outro v. g. por mudança repentina de tempo que obste á execução, de repente se pode mandar contra ordem, e desavizar; o que não acontece nas monterias de cerco, por ser preciso ser isso combinado com muita antecipação, e ter de se avisar muita gente dos diversos sitios que concorrem a ellas, e quando haja qualquer transtorno para ellas se executarem, ainda que da authoridade superior dimane a ordem de contra avizo, a todos os diversos administradores dos concelhos, estes não teem tempo repentinamente em rameficar esse contra aviso, pelas diversas freguezias, principalmente as do campo.

Estas batidas parciaes e em que é possivel haver mais ordem, dão ás vezes o mesmo ou melhor resultado comparativamente, do que as monterias de cerco, presentemente, o caso tambem está em serem bem planeadas e executadas; mas sempre se consegue o fim de não eccommodar tanta gente, nem prejudicar as cearas de cada um, e guardar o tempo defeso:

Eu por mim á dois annos nas minhas herdades da Fragósa até á de Mórjoanes, fiz com os meus criados, e de alguns lavradores visinhos, varias batidas neste sentido, e conseguimos matar 9 lobos, e em uma só destas batidas mataram-se 4. Para isto concorreu o plano de não deixar atirar á caça miuda os batedores, coloquei com antecedencia as esperas, e a certa hora marcada pelo relogio mandei lançar no principio da batida uns foguetes, e logo em seguida marcharem os criados a cavallo nas pontas, mais adiantados e gritando, e os outros no centro com businas, outros com pistolas atirando tiros de polvora secca, gritando sempre, e andando para diante de pressa sem cessar. Com este meio os lobos teem de vir correndo direitos ás esperas, e não teem tempo de vir de vagar e adiantados, observando de cabeço em cabeço o que lhe está na frente, divizando as esperas que menos cautelosas estão mais descobertas, e por isso como desconfiados entrão então a tomar os ventos das que estão escondidas; e teem tempo de se irem safando para os lados, ou para onde lhe não cheira de estarem esperas; o que quasi sempre succede com a morosidade do cordão ou batedores, vindo atirando á caça miuda, e divertindo-se. Este alvitre e bom resultado consegui-o eu, bem vejo porque era feito só com os criados que deixaram o trabalho, para irem áquelle serviço que se lhes marcava, e a maneira como, e tambem porque no meio da batida, mandei lançar no ar segunda porção de foguetes, o que concorre para que os lobos e raposas venham logo correndo ás esperas, não tendo vagar de vir observando nada, por isso que os proprios cães de caça, costumados em acudir aos tiros do caçador, pela maior parte, quando ouvem o rugido dos foguetes, e o estalar das bombas no ar, fogem espantados, com muita mais razão os lobos fogem espavoridos, por não estarem acostumados a ouvirem tal. Alem deste alvitre, como tambem não deixava atirar nas esperas ás raposas, nem aos javalis que ali tenho para divertimento proprio, passavam estes pelas esperas sem serem atirados, e por este motivo os lobos não ouvindo tiros naquelle local, ião descuidadamente cahir aos tiros das esperas.

Alem deste alvitre de batidas parciaes, o verdadeiro plano, que julgo efficaz na actualidade a seguir, era o da recompensa a quem matasse os lobos; mas isto em toda a provincia, em todos os districtos, e em todos os concelhos, a mesma paga igual. Não entro na apreciação donde deveria sahir o fundo da despeza especial para isso, porque as authoridades superiores ou concelhos de districto melhor o avaliarião; só lembro que me parecia que em todas as camaras deveria haver uma verba especial, destinada a estes pagamentos, e que deveria haver um camarista encarregado deste serviço, a quem os caçadores ou portadores das pelles ainda frescaes, as fossem entregar e receber a recompensa de 2 libras ou nove mil réis por cada uma; a pelle deveria ser marcada com um ferro em braza, e no fim do anno o presidente e mais camaristas, tomariam as contas desta despeza apresentando-se as pelles que se pagarão, e então na presença de todos se rasgavão e inutilizavão, mandando-se enterrar, lavrando-se uma acta do contheudo; mas isto deveria ser feito em todas as camaras dos diversos districtos, para não virem pesar só áquella donde se pagasse. A paga das duas libras, devia ser pelos lobos adultos, ou mesmo dos novos já crescidos, desde o 1.º de setembro em diante, por que aos novos em criação, se pagaria a meia libra por cada um; o mesmo se deveria usar para com as rapozas, pagando cada uma destas a 1:500 réis, e as criações a 500 réis cada uma pequena, até ao 1.º de setembro.

Á proporção que os lobos e raposas fossem diminuindo, assim se deveria ir augmentando o preço da paga por cada objecto, para estimular mais a curiosidade de se alcançarem, porque na realidade ninguem trata de pôr os meios de matar izoladamente os lobos ás esperas, porque as camaras que antigamente pagavão 4:000 réis por cada lobo, ha muitos annos que não pagam nada, por isso tenho ouvido dizer a muitos caçadores do campo, que levam horas e horas de madrugada e ao anoutecer, ás esperas dos coelhos e lebres, que antes querem matar esta caça para comer ou vender, do que um lobo, (salvo se pelo acaso se lhe vem parar de diante) porque perdem dias de andar de montes em montes, a pedir esmolas pelos lavradores, porque já nas camaras não pagão nada, e só ainda aqui em Evora. mas para isso é preciso um attestado do Parocho e do regedor, em que prove que foi morto neste concelho. Ora sendo bem pagos em todas as camaras indistinctamente sem estorvo algum, quantos caçadores já velhos e pouco capazes de trabalhar, não perderião noutes de luar ás esperas nas encruzilhadas

das estradas, ou sitios mais seguidos por ellas, e mesmo de verão ao beber da agua, ou levarem para o mato algum animal morto, e esperar que elles o viessem comer, em logar de esperarem a caça miuda?

Pois se de inverno no tempo da montanheira nos sitios aonde ha os javardos, ha caçadores que lavão noutes e noutes seguidas, com grandes geadas frio e chuva á esperar dos javardos, porque não farião o mesmo aos lobos se fossem bem remunerados para isso?!. Muita gente ignora o grande trabalho que ha ás vezes para se tirar uma ninhada de lobinhos, porque as mães em desconfiando ou lhe cheirando o rasto de gente la ter andado para o pé donde os teem, mudão-os frequentes vezes para sitio diverso, e para isto teem ás vezes os caçadores ou os homens acostumados a procurar e tirar taes ninhadas, de dormir e ficar muitas noutes no mato, para ouvirem de noute para que lado os paes uivão, chamando-se um ao outro.

Tãobem approvava que os lobos e rapozas que fossem mortos, (no cazo de se fazerem as monterias parciaes officialmente,) se pagassem por metade do preço estipulado, do que aquelle por que são os outros mortos particularmente.

Concluo em preferir na actualidade, o systema de boa paga generalizada por todas as partes, a todos outros alvitres, por ser mais proficuo e menos vexatorio; e quem se quizer divertir á caça que vá quando quizer; menos no tempo prohibido.

Não me demove a este queixume o galardão de ver isto adoptado, pois só o lembro para conhecimento de cauza a quem compete, para se quizer pôr-lhe os meios adquados, estes ou outros queasquer. Eu cá por mim estou em estado de já me não aproveitar de couza alguma, por isso fallo (como sempre) desapaixonadamente, e não poderei ser taxado de punir pelo tempo defêso da caça meuda, para proveito meu; por isso que á mais de 40 annos não caço a esta caça, e só sim á caça grossa; ou aos pombos bravos com armação, no seu tempo proprio, e que é caça de arribação. Emquanto a lobos, que os matem desta ou d'aquella outra maneira, ou que os deixem de matar, para mim é o mesmo, e não tenho medo delles, porque em apparecendo nas minhas propriedades, sei extinguil-os sem vexar ou encommodar ninguem.

Evora 22 de março de 1875.

José Paulo de Mira.

CPSIA information can be obtained
at www.ICGtesting.com
Printed in the USA
BVHW010853040922
646137BV00024B/281